AF579284

This Planner Belongs To

Weekly Meal Plan

WEEK OF: ....

MON	B	
	L	
	D	
	S	
TUE	B	
	L	
	D	
	S	
WED	B	
	L	
	D	
	S	
THU	B	
	L	
	D	
	S	
FRI	B	
	L	
	D	
	S	
SAT	B	
	L	
	D	
	S	
SUN	B	
	L	
	D	
	S	

Grocery List

WEEK OF: ....

PRODUCE	VEGGIES	MEAT & FISH
☐	☐	☐
☐	☐	☐
☐	☐	☐
☐	☐	☐
☐	☐	☐
☐	☐	☐
☐	☐	☐
☐	☐	☐
☐	☐	☐

SNACKS	DAIRY	FRUITS
☐	☐	☐
☐	☐	☐
☐	☐	☐
☐	☐	☐
☐	☐	☐
☐	☐	☐
☐	☐	☐
☐	☐	☐
☐	☐	☐

DRINKS	OIL & FAT	OTHER
☐	☐	☐
☐	☐	☐
☐	☐	☐
☐	☐	☐
☐	☐	☐
☐	☐	☐
☐	☐	☐
☐	☐	☐
☐	☐	☐

Weekly Meal Plan

WEEK OF: ....

MON
B
L
D
S

TUE
B
L
D
S

WED
B
L
D
S

THU
B
L
D
S

FRI
B
L
D
S

SAT
B
L
D
S

SUN
B
L
D
S

Grocery List

WEEK OF: ....

PRODUCE	VEGGIES	MEAT & FISH
☐	☐	☐
☐	☐	☐
☐	☐	☐
☐	☐	☐
☐	☐	☐
☐	☐	☐
☐	☐	☐
☐	☐	☐
☐	☐	☐

SNACKS	DAIRY	FRUITS
☐	☐	☐
☐	☐	☐
☐	☐	☐
☐	☐	☐
☐	☐	☐
☐	☐	☐
☐	☐	☐
☐	☐	☐
☐	☐	☐

DRINKS	OIL & FAT	OTHER
☐	☐	☐
☐	☐	☐
☐	☐	☐
☐	☐	☐
☐	☐	☐
☐	☐	☐
☐	☐	☐
☐	☐	☐
☐	☐	☐

Weekly Meal Plan

WEEK OF: ....

MON	B	
	L	
	D	
	S	
TUE	B	
	L	
	D	
	S	
WED	B	
	L	
	D	
	S	
THU	B	
	L	
	D	
	S	
FRI	B	
	L	
	D	
	S	
SAT	B	
	L	
	D	
	S	
SUN	B	
	L	
	D	
	S	

Grocery List

WEEK OF: ....

PRODUCE	VEGGIES	MEAT & FISH
☐	☐	☐
☐	☐	☐
☐	☐	☐
☐	☐	☐
☐	☐	☐
☐	☐	☐
☐	☐	☐
☐	☐	☐
☐	☐	☐

SNACKS	DAIRY	FRUITS
☐	☐	☐
☐	☐	☐
☐	☐	☐
☐	☐	☐
☐	☐	☐
☐	☐	☐
☐	☐	☐
☐	☐	☐
☐	☐	☐

DRINKS	OIL & FAT	OTHER
☐	☐	☐
☐	☐	☐
☐	☐	☐
☐	☐	☐
☐	☐	☐
☐	☐	☐
☐	☐	☐
☐	☐	☐
☐	☐	☐

Weekly Meal Plan

WEEK OF: ....

MON	B	
	L	
	D	
	S	
TUE	B	
	L	
	D	
	S	
WED	B	
	L	
	D	
	S	
THU	B	
	L	
	D	
	S	
FRI	B	
	L	
	D	
	S	
SAT	B	
	L	
	D	
	S	
SUN	B	
	L	
	D	
	S	

Grocery List

WEEK OF: ....

PRODUCE	VEGGIES	MEAT & FISH
☐	☐	☐
☐	☐	☐
☐	☐	☐
☐	☐	☐
☐	☐	☐
☐	☐	☐
☐	☐	☐
☐	☐	☐
☐	☐	☐

SNACKS	DAIRY	FRUITS
☐	☐	☐
☐	☐	☐
☐	☐	☐
☐	☐	☐
☐	☐	☐
☐	☐	☐
☐	☐	☐
☐	☐	☐
☐	☐	☐

DRINKS	OIL & FAT	OTHER
☐	☐	☐
☐	☐	☐
☐	☐	☐
☐	☐	☐
☐	☐	☐
☐	☐	☐
☐	☐	☐
☐	☐	☐
☐	☐	☐

Weekly Meal Plan

WEEK OF: ....

MON	B	
	L	
	D	
	S	
TUE	B	
	L	
	D	
	S	
WED	B	
	L	
	D	
	S	
THU	B	
	L	
	D	
	S	
FRI	B	
	L	
	D	
	S	
SAT	B	
	L	
	D	
	S	
SUN	B	
	L	
	D	
	S	

Grocery List

WEEK OF: ....

PRODUCE	VEGGIES	MEAT & FISH
☐	☐	☐
☐	☐	☐
☐	☐	☐
☐	☐	☐
☐	☐	☐
☐	☐	☐
☐	☐	☐
☐	☐	☐
☐	☐	☐

SNACKS	DAIRY	FRUITS
☐	☐	☐
☐	☐	☐
☐	☐	☐
☐	☐	☐
☐	☐	☐
☐	☐	☐
☐	☐	☐
☐	☐	☐
☐	☐	☐

DRINKS	OIL & FAT	OTHER
☐	☐	☐
☐	☐	☐
☐	☐	☐
☐	☐	☐
☐	☐	☐
☐	☐	☐
☐	☐	☐
☐	☐	☐
☐	☐	☐

Weekly Meal Plan

WEEK OF: ....

MON	B	
	L	
	D	
	S	
TUE	B	
	L	
	D	
	S	
WED	B	
	L	
	D	
	S	
THU	B	
	L	
	D	
	S	
FRI	B	
	L	
	D	
	S	
SAT	B	
	L	
	D	
	S	
SUN	B	
	L	
	D	
	S	

Grocery List

WEEK OF: ....

PRODUCE	VEGGIES	MEAT & FISH
☐	☐	☐
☐	☐	☐
☐	☐	☐
☐	☐	☐
☐	☐	☐
☐	☐	☐
☐	☐	☐
☐	☐	☐
☐	☐	☐

SNACKS	DAIRY	FRUITS
☐	☐	☐
☐	☐	☐
☐	☐	☐
☐	☐	☐
☐	☐	☐
☐	☐	☐
☐	☐	☐
☐	☐	☐
☐	☐	☐

DRINKS	OIL & FAT	OTHER
☐	☐	☐
☐	☐	☐
☐	☐	☐
☐	☐	☐
☐	☐	☐
☐	☐	☐
☐	☐	☐
☐	☐	☐
☐	☐	☐

Weekly Meal Plan

WEEK OF: ....

Day	Meal	
MON	B	
	L	
	D	
	S	
TUE	B	
	L	
	D	
	S	
WED	B	
	L	
	D	
	S	
THU	B	
	L	
	D	
	S	
FRI	B	
	L	
	D	
	S	
SAT	B	
	L	
	D	
	S	
SUN	B	
	L	
	D	
	S	

Grocery List

WEEK OF: ....

PRODUCE	VEGGIES	MEAT & FISH
☐	☐	☐
☐	☐	☐
☐	☐	☐
☐	☐	☐
☐	☐	☐
☐	☐	☐
☐	☐	☐
☐	☐	☐
☐	☐	☐

SNACKS	DAIRY	FRUITS
☐	☐	☐
☐	☐	☐
☐	☐	☐
☐	☐	☐
☐	☐	☐
☐	☐	☐
☐	☐	☐
☐	☐	☐
☐	☐	☐

DRINKS	OIL & FAT	OTHER
☐	☐	☐
☐	☐	☐
☐	☐	☐
☐	☐	☐
☐	☐	☐
☐	☐	☐
☐	☐	☐
☐	☐	☐
☐	☐	☐

Weekly Meal Plan

WEEK OF: ....

MON	B	
	L	
	D	
	S	
TUE	B	
	L	
	D	
	S	
WED	B	
	L	
	D	
	S	
THU	B	
	L	
	D	
	S	
FRI	B	
	L	
	D	
	S	
SAT	B	
	L	
	D	
	S	
SUN	B	
	L	
	D	
	S	

Grocery List

WEEK OF: ....

PRODUCE	VEGGIES	MEAT & FISH
☐	☐	☐
☐	☐	☐
☐	☐	☐
☐	☐	☐
☐	☐	☐
☐	☐	☐
☐	☐	☐
☐	☐	☐
☐	☐	☐

SNACKS	DAIRY	FRUITS
☐	☐	☐
☐	☐	☐
☐	☐	☐
☐	☐	☐
☐	☐	☐
☐	☐	☐
☐	☐	☐
☐	☐	☐
☐	☐	☐

DRINKS	OIL & FAT	OTHER
☐	☐	☐
☐	☐	☐
☐	☐	☐
☐	☐	☐
☐	☐	☐
☐	☐	☐
☐	☐	☐
☐	☐	☐
☐	☐	☐

Weekly Meal Plan

WEEK OF: ....

MON	B	
	L	
	D	
	S	
TUE	B	
	L	
	D	
	S	
WED	B	
	L	
	D	
	S	
THU	B	
	L	
	D	
	S	
FRI	B	
	L	
	D	
	S	
SAT	B	
	L	
	D	
	S	
SUN	B	
	L	
	D	
	S	

Grocery List

WEEK OF: ....

PRODUCE	VEGGIES	MEAT & FISH
☐	☐	☐
☐	☐	☐
☐	☐	☐
☐	☐	☐
☐	☐	☐
☐	☐	☐
☐	☐	☐
☐	☐	☐
☐	☐	☐

SNACKS	DAIRY	FRUITS
☐	☐	☐
☐	☐	☐
☐	☐	☐
☐	☐	☐
☐	☐	☐
☐	☐	☐
☐	☐	☐
☐	☐	☐
☐	☐	☐

DRINKS	OIL & FAT	OTHER
☐	☐	☐
☐	☐	☐
☐	☐	☐
☐	☐	☐
☐	☐	☐
☐	☐	☐
☐	☐	☐
☐	☐	☐
☐	☐	☐

Weekly Meal Plan

WEEK OF: ....

MON	B	
	L	
	D	
	S	
TUE	B	
	L	
	D	
	S	
WED	B	
	L	
	D	
	S	
THU	B	
	L	
	D	
	S	
FRI	B	
	L	
	D	
	S	
SAT	B	
	L	
	D	
	S	
SUN	B	
	L	
	D	
	S	

Grocery List

WEEK OF: ....

PRODUCE	VEGGIES	MEAT & FISH
☐	☐	☐
☐	☐	☐
☐	☐	☐
☐	☐	☐
☐	☐	☐
☐	☐	☐
☐	☐	☐
☐	☐	☐
☐	☐	☐

SNACKS	DAIRY	FRUITS
☐	☐	☐
☐	☐	☐
☐	☐	☐
☐	☐	☐
☐	☐	☐
☐	☐	☐
☐	☐	☐
☐	☐	☐
☐	☐	☐

DRINKS	OIL & FAT	OTHER
☐	☐	☐
☐	☐	☐
☐	☐	☐
☐	☐	☐
☐	☐	☐
☐	☐	☐
☐	☐	☐
☐	☐	☐
☐	☐	☐

Weekly Meal Plan

WEEK OF: ....

MON	B	
	L	
	D	
	S	
TUE	B	
	L	
	D	
	S	
WED	B	
	L	
	D	
	S	
THU	B	
	L	
	D	
	S	
FRI	B	
	L	
	D	
	S	
SAT	B	
	L	
	D	
	S	
SUN	B	
	L	
	D	
	S	

Grocery List

WEEK OF: ....

PRODUCE	VEGGIES	MEAT & FISH
☐	☐	☐
☐	☐	☐
☐	☐	☐
☐	☐	☐
☐	☐	☐
☐	☐	☐
☐	☐	☐
☐	☐	☐
☐	☐	☐

SNACKS	DAIRY	FRUITS
☐	☐	☐
☐	☐	☐
☐	☐	☐
☐	☐	☐
☐	☐	☐
☐	☐	☐
☐	☐	☐
☐	☐	☐
☐	☐	☐

DRINKS	OIL & FAT	OTHER
☐	☐	☐
☐	☐	☐
☐	☐	☐
☐	☐	☐
☐	☐	☐
☐	☐	☐
☐	☐	☐
☐	☐	☐
☐	☐	☐

Weekly Meal Plan

WEEK OF: ....

MON	B	
	L	
	D	
	S	
TUE	B	
	L	
	D	
	S	
WED	B	
	L	
	D	
	S	
THU	B	
	L	
	D	
	S	
FRI	B	
	L	
	D	
	S	
SAT	B	
	L	
	D	
	S	
SUN	B	
	L	
	D	
	S	

Grocery List

WEEK OF: ....

PRODUCE	VEGGIES	MEAT & FISH
☐	☐	☐
☐	☐	☐
☐	☐	☐
☐	☐	☐
☐	☐	☐
☐	☐	☐
☐	☐	☐
☐	☐	☐
☐	☐	☐

SNACKS	DAIRY	FRUITS
☐	☐	☐
☐	☐	☐
☐	☐	☐
☐	☐	☐
☐	☐	☐
☐	☐	☐
☐	☐	☐
☐	☐	☐
☐	☐	☐

DRINKS	OIL & FAT	OTHER
☐	☐	☐
☐	☐	☐
☐	☐	☐
☐	☐	☐
☐	☐	☐
☐	☐	☐
☐	☐	☐
☐	☐	☐
☐	☐	☐

Weekly Meal Plan

WEEK OF: ....

MON	B	
	L	
	D	
	S	
TUE	B	
	L	
	D	
	S	
WED	B	
	L	
	D	
	S	
THU	B	
	L	
	D	
	S	
FRI	B	
	L	
	D	
	S	
SAT	B	
	L	
	D	
	S	
SUN	B	
	L	
	D	
	S	

Grocery List

WEEK OF: ....

PRODUCE	VEGGIES	MEAT & FISH
☐	☐	☐
☐	☐	☐
☐	☐	☐
☐	☐	☐
☐	☐	☐
☐	☐	☐
☐	☐	☐
☐	☐	☐
☐	☐	☐

SNACKS	DAIRY	FRUITS
☐	☐	☐
☐	☐	☐
☐	☐	☐
☐	☐	☐
☐	☐	☐
☐	☐	☐
☐	☐	☐
☐	☐	☐
☐	☐	☐

DRINKS	OIL & FAT	OTHER
☐	☐	☐
☐	☐	☐
☐	☐	☐
☐	☐	☐
☐	☐	☐
☐	☐	☐
☐	☐	☐
☐	☐	☐
☐	☐	☐

Weekly Meal Plan

WEEK OF: ....

MON	B	
	L	
	D	
	S	
TUE	B	
	L	
	D	
	S	
WED	B	
	L	
	D	
	S	
THU	B	
	L	
	D	
	S	
FRI	B	
	L	
	D	
	S	
SAT	B	
	L	
	D	
	S	
SUN	B	
	L	
	D	
	S	

Grocery List

WEEK OF: ....

PRODUCE	VEGGIES	MEAT & FISH
☐	☐	☐
☐	☐	☐
☐	☐	☐
☐	☐	☐
☐	☐	☐
☐	☐	☐
☐	☐	☐
☐	☐	☐
☐	☐	☐

SNACKS	DAIRY	FRUITS
☐	☐	☐
☐	☐	☐
☐	☐	☐
☐	☐	☐
☐	☐	☐
☐	☐	☐
☐	☐	☐
☐	☐	☐
☐	☐	☐

DRINKS	OIL & FAT	OTHER
☐	☐	☐
☐	☐	☐
☐	☐	☐
☐	☐	☐
☐	☐	☐
☐	☐	☐
☐	☐	☐
☐	☐	☐
☐	☐	☐

Weekly Meal Plan

WEEK OF: ....

MON	B	
	L	
	D	
	S	
TUE	B	
	L	
	D	
	S	
WED	B	
	L	
	D	
	S	
THU	B	
	L	
	D	
	S	
FRI	B	
	L	
	D	
	S	
SAT	B	
	L	
	D	
	S	
SUN	B	
	L	
	D	
	S	

Grocery List

WEEK OF: ....

PRODUCE	VEGGIES	MEAT & FISH
☐	☐	☐
☐	☐	☐
☐	☐	☐
☐	☐	☐
☐	☐	☐
☐	☐	☐
☐	☐	☐
☐	☐	☐
☐	☐	☐

SNACKS	DAIRY	FRUITS
☐	☐	☐
☐	☐	☐
☐	☐	☐
☐	☐	☐
☐	☐	☐
☐	☐	☐
☐	☐	☐
☐	☐	☐
☐	☐	☐

DRINKS	OIL & FAT	OTHER
☐	☐	☐
☐	☐	☐
☐	☐	☐
☐	☐	☐
☐	☐	☐
☐	☐	☐
☐	☐	☐
☐	☐	☐
☐	☐	☐

Weekly Meal Plan

WEEK OF: ....

MON	B	
	L	
	D	
	S	
TUE	B	
	L	
	D	
	S	
WED	B	
	L	
	D	
	S	
THU	B	
	L	
	D	
	S	
FRI	B	
	L	
	D	
	S	
SAT	B	
	L	
	D	
	S	
SUN	B	
	L	
	D	
	S	

Grocery List

WEEK OF: ....

PRODUCE	VEGGIES	MEAT & FISH
☐	☐	☐
☐	☐	☐
☐	☐	☐
☐	☐	☐
☐	☐	☐
☐	☐	☐
☐	☐	☐
☐	☐	☐
☐	☐	☐

SNACKS	DAIRY	FRUITS
☐	☐	☐
☐	☐	☐
☐	☐	☐
☐	☐	☐
☐	☐	☐
☐	☐	☐
☐	☐	☐
☐	☐	☐
☐	☐	☐

DRINKS	OIL & FAT	OTHER
☐	☐	☐
☐	☐	☐
☐	☐	☐
☐	☐	☐
☐	☐	☐
☐	☐	☐
☐	☐	☐
☐	☐	☐
☐	☐	☐

Weekly Meal Plan

WEEK OF: ....

Day		
MON	B	
	L	
	D	
	S	
TUE	B	
	L	
	D	
	S	
WED	B	
	L	
	D	
	S	
THU	B	
	L	
	D	
	S	
FRI	B	
	L	
	D	
	S	
SAT	B	
	L	
	D	
	S	
SUN	B	
	L	
	D	
	S	

Grocery List

WEEK OF: ....

PRODUCE	VEGGIES	MEAT & FISH
☐	☐	☐
☐	☐	☐
☐	☐	☐
☐	☐	☐
☐	☐	☐
☐	☐	☐
☐	☐	☐
☐	☐	☐
☐	☐	☐

SNACKS	DAIRY	FRUITS
☐	☐	☐
☐	☐	☐
☐	☐	☐
☐	☐	☐
☐	☐	☐
☐	☐	☐
☐	☐	☐
☐	☐	☐
☐	☐	☐

DRINKS	OIL & FAT	OTHER
☐	☐	☐
☐	☐	☐
☐	☐	☐
☐	☐	☐
☐	☐	☐
☐	☐	☐
☐	☐	☐
☐	☐	☐
☐	☐	☐

Weekly Meal Plan

WEEK OF: ....

MON	B	
	L	
	D	
	S	
TUE	B	
	L	
	D	
	S	
WED	B	
	L	
	D	
	S	
THU	B	
	L	
	D	
	S	
FRI	B	
	L	
	D	
	S	
SAT	B	
	L	
	D	
	S	
SUN	B	
	L	
	D	
	S	

Grocery List

WEEK OF: ....

PRODUCE	VEGGIES	MEAT & FISH
☐	☐	☐
☐	☐	☐
☐	☐	☐
☐	☐	☐
☐	☐	☐
☐	☐	☐
☐	☐	☐
☐	☐	☐
☐	☐	☐

SNACKS	DAIRY	FRUITS
☐	☐	☐
☐	☐	☐
☐	☐	☐
☐	☐	☐
☐	☐	☐
☐	☐	☐
☐	☐	☐
☐	☐	☐
☐	☐	☐

DRINKS	OIL & FAT	OTHER
☐	☐	☐
☐	☐	☐
☐	☐	☐
☐	☐	☐
☐	☐	☐
☐	☐	☐
☐	☐	☐
☐	☐	☐
☐	☐	☐

Weekly Meal Plan

WEEK OF: ....

MON	B	
	L	
	D	
	S	
TUE	B	
	L	
	D	
	S	
WED	B	
	L	
	D	
	S	
THU	B	
	L	
	D	
	S	
FRI	B	
	L	
	D	
	S	
SAT	B	
	L	
	D	
	S	
SUN	B	
	L	
	D	
	S	

Grocery List

WEEK OF: ....

PRODUCE	VEGGIES	MEAT & FISH
☐	☐	☐
☐	☐	☐
☐	☐	☐
☐	☐	☐
☐	☐	☐
☐	☐	☐
☐	☐	☐
☐	☐	☐
☐	☐	☐

SNACKS	DAIRY	FRUITS
☐	☐	☐
☐	☐	☐
☐	☐	☐
☐	☐	☐
☐	☐	☐
☐	☐	☐
☐	☐	☐
☐	☐	☐
☐	☐	☐

DRINKS	OIL & FAT	OTHER
☐	☐	☐
☐	☐	☐
☐	☐	☐
☐	☐	☐
☐	☐	☐
☐	☐	☐
☐	☐	☐
☐	☐	☐
☐	☐	☐

Weekly Meal Plan

WEEK OF: ....

MON	B	
	L	
	D	
	S	
TUE	B	
	L	
	D	
	S	
WED	B	
	L	
	D	
	S	
THU	B	
	L	
	D	
	S	
FRI	B	
	L	
	D	
	S	
SAT	B	
	L	
	D	
	S	
SUN	B	
	L	
	D	
	S	

Grocery List

WEEK OF: ....

PRODUCE	VEGGIES	MEAT & FISH
☐	☐	☐
☐	☐	☐
☐	☐	☐
☐	☐	☐
☐	☐	☐
☐	☐	☐
☐	☐	☐
☐	☐	☐
☐	☐	☐

SNACKS	DAIRY	FRUITS
☐	☐	☐
☐	☐	☐
☐	☐	☐
☐	☐	☐
☐	☐	☐
☐	☐	☐
☐	☐	☐
☐	☐	☐
☐	☐	☐

DRINKS	OIL & FAT	OTHER
☐	☐	☐
☐	☐	☐
☐	☐	☐
☐	☐	☐
☐	☐	☐
☐	☐	☐
☐	☐	☐
☐	☐	☐
☐	☐	☐

Weekly Meal Plan

WEEK OF: ....

MON	B	
	L	
	D	
	S	
TUE	B	
	L	
	D	
	S	
WED	B	
	L	
	D	
	S	
THU	B	
	L	
	D	
	S	
FRI	B	
	L	
	D	
	S	
SAT	B	
	L	
	D	
	S	
SUN	B	
	L	
	D	
	S	

Grocery List

WEEK OF: ....

PRODUCE	VEGGIES	MEAT & FISH
☐	☐	☐
☐	☐	☐
☐	☐	☐
☐	☐	☐
☐	☐	☐
☐	☐	☐
☐	☐	☐
☐	☐	☐
☐	☐	☐

SNACKS	DAIRY	FRUITS
☐	☐	☐
☐	☐	☐
☐	☐	☐
☐	☐	☐
☐	☐	☐
☐	☐	☐
☐	☐	☐
☐	☐	☐
☐	☐	☐

DRINKS	OIL & FAT	OTHER
☐	☐	☐
☐	☐	☐
☐	☐	☐
☐	☐	☐
☐	☐	☐
☐	☐	☐
☐	☐	☐
☐	☐	☐
☐	☐	☐

Weekly Meal Plan

WEEK OF: ....

MON	B	
	L	
	D	
	S	
TUE	B	
	L	
	D	
	S	
WED	B	
	L	
	D	
	S	
THU	B	
	L	
	D	
	S	
FRI	B	
	L	
	D	
	S	
SAT	B	
	L	
	D	
	S	
SUN	B	
	L	
	D	
	S	

Grocery List

WEEK OF: ....

PRODUCE	VEGGIES	MEAT & FISH
☐	☐	☐
☐	☐	☐
☐	☐	☐
☐	☐	☐
☐	☐	☐
☐	☐	☐
☐	☐	☐
☐	☐	☐
☐	☐	☐

SNACKS	DAIRY	FRUITS
☐	☐	☐
☐	☐	☐
☐	☐	☐
☐	☐	☐
☐	☐	☐
☐	☐	☐
☐	☐	☐
☐	☐	☐
☐	☐	☐

DRINKS	OIL & FAT	OTHER
☐	☐	☐
☐	☐	☐
☐	☐	☐
☐	☐	☐
☐	☐	☐
☐	☐	☐
☐	☐	☐
☐	☐	☐
☐	☐	☐

Weekly Meal Plan

WEEK OF: ....

MON	B	
	L	
	D	
	S	
TUE	B	
	L	
	D	
	S	
WED	B	
	L	
	D	
	S	
THU	B	
	L	
	D	
	S	
FRI	B	
	L	
	D	
	S	
SAT	B	
	L	
	D	
	S	
SUN	B	
	L	
	D	
	S	

Grocery List

WEEK OF: ....

PRODUCE	VEGGIES	MEAT & FISH
☐	☐	☐
☐	☐	☐
☐	☐	☐
☐	☐	☐
☐	☐	☐
☐	☐	☐
☐	☐	☐
☐	☐	☐
☐	☐	☐

SNACKS	DAIRY	FRUITS
☐	☐	☐
☐	☐	☐
☐	☐	☐
☐	☐	☐
☐	☐	☐
☐	☐	☐
☐	☐	☐
☐	☐	☐
☐	☐	☐

DRINKS	OIL & FAT	OTHER
☐	☐	☐
☐	☐	☐
☐	☐	☐
☐	☐	☐
☐	☐	☐
☐	☐	☐
☐	☐	☐
☐	☐	☐
☐	☐	☐

Weekly Meal Plan

WEEK OF: ....

MON	B	
	L	
	D	
	S	
TUE	B	
	L	
	D	
	S	
WED	B	
	L	
	D	
	S	
THU	B	
	L	
	D	
	S	
FRI	B	
	L	
	D	
	S	
SAT	B	
	L	
	D	
	S	
SUN	B	
	L	
	D	
	S	

Grocery List

WEEK OF: ....

PRODUCE	VEGGIES	MEAT & FISH
☐	☐	☐
☐	☐	☐
☐	☐	☐
☐	☐	☐
☐	☐	☐
☐	☐	☐
☐	☐	☐
☐	☐	☐
☐	☐	☐

SNACKS	DAIRY	FRUITS
☐	☐	☐
☐	☐	☐
☐	☐	☐
☐	☐	☐
☐	☐	☐
☐	☐	☐
☐	☐	☐
☐	☐	☐
☐	☐	☐

DRINKS	OIL & FAT	OTHER
☐	☐	☐
☐	☐	☐
☐	☐	☐
☐	☐	☐
☐	☐	☐
☐	☐	☐
☐	☐	☐
☐	☐	☐
☐	☐	☐

Weekly Meal Plan

WEEK OF: ....

MON	B	
	L	
	D	
	S	
TUE	B	
	L	
	D	
	S	
WED	B	
	L	
	D	
	S	
THU	B	
	L	
	D	
	S	
FRI	B	
	L	
	D	
	S	
SAT	B	
	L	
	D	
	S	
SUN	B	
	L	
	D	
	S	

Grocery List

WEEK OF: ....

PRODUCE	VEGGIES	MEAT & FISH
☐	☐	☐
☐	☐	☐
☐	☐	☐
☐	☐	☐
☐	☐	☐
☐	☐	☐
☐	☐	☐
☐	☐	☐
☐	☐	☐

SNACKS	DAIRY	FRUITS
☐	☐	☐
☐	☐	☐
☐	☐	☐
☐	☐	☐
☐	☐	☐
☐	☐	☐
☐	☐	☐
☐	☐	☐
☐	☐	☐

DRINKS	OIL & FAT	OTHER
☐	☐	☐
☐	☐	☐
☐	☐	☐
☐	☐	☐
☐	☐	☐
☐	☐	☐
☐	☐	☐
☐	☐	☐
☐	☐	☐

Weekly Meal Plan

WEEK OF: ....

MON	B	
	L	
	D	
	S	
TUE	B	
	L	
	D	
	S	
WED	B	
	L	
	D	
	S	
THU	B	
	L	
	D	
	S	
FRI	B	
	L	
	D	
	S	
SAT	B	
	L	
	D	
	S	
SUN	B	
	L	
	D	
	S	

Grocery List

WEEK OF: ....

PRODUCE	VEGGIES	MEAT & FISH
☐	☐	☐
☐	☐	☐
☐	☐	☐
☐	☐	☐
☐	☐	☐
☐	☐	☐
☐	☐	☐
☐	☐	☐
☐	☐	☐

SNACKS	DAIRY	FRUITS
☐	☐	☐
☐	☐	☐
☐	☐	☐
☐	☐	☐
☐	☐	☐
☐	☐	☐
☐	☐	☐
☐	☐	☐
☐	☐	☐

DRINKS	OIL & FAT	OTHER
☐	☐	☐
☐	☐	☐
☐	☐	☐
☐	☐	☐
☐	☐	☐
☐	☐	☐
☐	☐	☐
☐	☐	☐
☐	☐	☐

Weekly Meal Plan

WEEK OF: ....

MON	
B	
L	
D	
S	

TUE	
B	
L	
D	
S	

WED	
B	
L	
D	
S	

THU	
B	
L	
D	
S	

FRI	
B	
L	
D	
S	

SAT	
B	
L	
D	
S	

SUN	
B	
L	
D	
S	

Grocery List

WEEK OF: ....

PRODUCE	VEGGIES	MEAT & FISH
☐	☐	☐
☐	☐	☐
☐	☐	☐
☐	☐	☐
☐	☐	☐
☐	☐	☐
☐	☐	☐
☐	☐	☐
☐	☐	☐

SNACKS	DAIRY	FRUITS
☐	☐	☐
☐	☐	☐
☐	☐	☐
☐	☐	☐
☐	☐	☐
☐	☐	☐
☐	☐	☐
☐	☐	☐
☐	☐	☐

DRINKS	OIL & FAT	OTHER
☐	☐	☐
☐	☐	☐
☐	☐	☐
☐	☐	☐
☐	☐	☐
☐	☐	☐
☐	☐	☐
☐	☐	☐
☐	☐	☐

Weekly Meal Plan

WEEK OF: ....

MON	B	
	L	
	D	
	S	
TUE	B	
	L	
	D	
	S	
WED	B	
	L	
	D	
	S	
THU	B	
	L	
	D	
	S	
FRI	B	
	L	
	D	
	S	
SAT	B	
	L	
	D	
	S	
SUN	B	
	L	
	D	
	S	

Grocery List

WEEK OF: ....

PRODUCE	VEGGIES	MEAT & FISH
☐	☐	☐
☐	☐	☐
☐	☐	☐
☐	☐	☐
☐	☐	☐
☐	☐	☐
☐	☐	☐
☐	☐	☐
☐	☐	☐

SNACKS	DAIRY	FRUITS
☐	☐	☐
☐	☐	☐
☐	☐	☐
☐	☐	☐
☐	☐	☐
☐	☐	☐
☐	☐	☐
☐	☐	☐
☐	☐	☐

DRINKS	OIL & FAT	OTHER
☐	☐	☐
☐	☐	☐
☐	☐	☐
☐	☐	☐
☐	☐	☐
☐	☐	☐
☐	☐	☐
☐	☐	☐
☐	☐	☐

Weekly Meal Plan

WEEK OF: ....

MON	B	
	L	
	D	
	S	
TUE	B	
	L	
	D	
	S	
WED	B	
	L	
	D	
	S	
THU	B	
	L	
	D	
	S	
FRI	B	
	L	
	D	
	S	
SAT	B	
	L	
	D	
	S	
SUN	B	
	L	
	D	
	S	

Grocery List

WEEK OF: ....

PRODUCE	VEGGIES	MEAT & FISH
☐	☐	☐
☐	☐	☐
☐	☐	☐
☐	☐	☐
☐	☐	☐
☐	☐	☐
☐	☐	☐
☐	☐	☐
☐	☐	☐

SNACKS	DAIRY	FRUITS
☐	☐	☐
☐	☐	☐
☐	☐	☐
☐	☐	☐
☐	☐	☐
☐	☐	☐
☐	☐	☐
☐	☐	☐
☐	☐	☐

DRINKS	OIL & FAT	OTHER
☐	☐	☐
☐	☐	☐
☐	☐	☐
☐	☐	☐
☐	☐	☐
☐	☐	☐
☐	☐	☐
☐	☐	☐
☐	☐	☐

Weekly Meal Plan

WEEK OF: ....

MON	B	
	L	
	D	
	S	
TUE	B	
	L	
	D	
	S	
WED	B	
	L	
	D	
	S	
THU	B	
	L	
	D	
	S	
FRI	B	
	L	
	D	
	S	
SAT	B	
	L	
	D	
	S	
SUN	B	
	L	
	D	
	S	

Grocery List

WEEK OF: ....

PRODUCE	VEGGIES	MEAT & FISH
☐	☐	☐
☐	☐	☐
☐	☐	☐
☐	☐	☐
☐	☐	☐
☐	☐	☐
☐	☐	☐
☐	☐	☐
☐	☐	☐

SNACKS	DAIRY	FRUITS
☐	☐	☐
☐	☐	☐
☐	☐	☐
☐	☐	☐
☐	☐	☐
☐	☐	☐
☐	☐	☐
☐	☐	☐
☐	☐	☐

DRINKS	OIL & FAT	OTHER
☐	☐	☐
☐	☐	☐
☐	☐	☐
☐	☐	☐
☐	☐	☐
☐	☐	☐
☐	☐	☐
☐	☐	☐
☐	☐	☐

Weekly Meal Plan

WEEK OF: ....

MON	B	
	L	
	D	
	S	
TUE	B	
	L	
	D	
	S	
WED	B	
	L	
	D	
	S	
THU	B	
	L	
	D	
	S	
FRI	B	
	L	
	D	
	S	
SAT	B	
	L	
	D	
	S	
SUN	B	
	L	
	D	
	S	

Grocery List

WEEK OF: ....

PRODUCE	VEGGIES	MEAT & FISH
☐	☐	☐
☐	☐	☐
☐	☐	☐
☐	☐	☐
☐	☐	☐
☐	☐	☐
☐	☐	☐
☐	☐	☐
☐	☐	☐

SNACKS	DAIRY	FRUITS
☐	☐	☐
☐	☐	☐
☐	☐	☐
☐	☐	☐
☐	☐	☐
☐	☐	☐
☐	☐	☐
☐	☐	☐
☐	☐	☐

DRINKS	OIL & FAT	OTHER
☐	☐	☐
☐	☐	☐
☐	☐	☐
☐	☐	☐
☐	☐	☐
☐	☐	☐
☐	☐	☐
☐	☐	☐
☐	☐	☐

Weekly Meal Plan

WEEK OF: ....

MON	B	
	L	
	D	
	S	
TUE	B	
	L	
	D	
	S	
WED	B	
	L	
	D	
	S	
THU	B	
	L	
	D	
	S	
FRI	B	
	L	
	D	
	S	
SAT	B	
	L	
	D	
	S	
SUN	B	
	L	
	D	
	S	

Grocery List

WEEK OF: ....

PRODUCE	VEGGIES	MEAT & FISH
☐	☐	☐
☐	☐	☐
☐	☐	☐
☐	☐	☐
☐	☐	☐
☐	☐	☐
☐	☐	☐
☐	☐	☐
☐	☐	☐

SNACKS	DAIRY	FRUITS
☐	☐	☐
☐	☐	☐
☐	☐	☐
☐	☐	☐
☐	☐	☐
☐	☐	☐
☐	☐	☐
☐	☐	☐
☐	☐	☐

DRINKS	OIL & FAT	OTHER
☐	☐	☐
☐	☐	☐
☐	☐	☐
☐	☐	☐
☐	☐	☐
☐	☐	☐
☐	☐	☐
☐	☐	☐
☐	☐	☐

Weekly Meal Plan

WEEK OF: ....

MON	B	
	L	
	D	
	S	
TUE	B	
	L	
	D	
	S	
WED	B	
	L	
	D	
	S	
THU	B	
	L	
	D	
	S	
FRI	B	
	L	
	D	
	S	
SAT	B	
	L	
	D	
	S	
SUN	B	
	L	
	D	
	S	

Grocery List

WEEK OF: ....

PRODUCE	VEGGIES	MEAT & FISH
☐	☐	☐
☐	☐	☐
☐	☐	☐
☐	☐	☐
☐	☐	☐
☐	☐	☐
☐	☐	☐
☐	☐	☐
☐	☐	☐

SNACKS	DAIRY	FRUITS
☐	☐	☐
☐	☐	☐
☐	☐	☐
☐	☐	☐
☐	☐	☐
☐	☐	☐
☐	☐	☐
☐	☐	☐
☐	☐	☐

DRINKS	OIL & FAT	OTHER
☐	☐	☐
☐	☐	☐
☐	☐	☐
☐	☐	☐
☐	☐	☐
☐	☐	☐
☐	☐	☐
☐	☐	☐
☐	☐	☐

Weekly Meal Plan

WEEK OF: ....

MON	B	
	L	
	D	
	S	
TUE	B	
	L	
	D	
	S	
WED	B	
	L	
	D	
	S	
THU	B	
	L	
	D	
	S	
FRI	B	
	L	
	D	
	S	
SAT	B	
	L	
	D	
	S	
SUN	B	
	L	
	D	
	S	

Grocery List

WEEK OF: ....

PRODUCE	VEGGIES	MEAT & FISH
☐	☐	☐
☐	☐	☐
☐	☐	☐
☐	☐	☐
☐	☐	☐
☐	☐	☐
☐	☐	☐
☐	☐	☐
☐	☐	☐

SNACKS	DAIRY	FRUITS
☐	☐	☐
☐	☐	☐
☐	☐	☐
☐	☐	☐
☐	☐	☐
☐	☐	☐
☐	☐	☐
☐	☐	☐
☐	☐	☐

DRINKS	OIL & FAT	OTHER
☐	☐	☐
☐	☐	☐
☐	☐	☐
☐	☐	☐
☐	☐	☐
☐	☐	☐
☐	☐	☐
☐	☐	☐
☐	☐	☐

Weekly Meal Plan

WEEK OF: ....

MON	B	
	L	
	D	
	S	
TUE	B	
	L	
	D	
	S	
WED	B	
	L	
	D	
	S	
THU	B	
	L	
	D	
	S	
FRI	B	
	L	
	D	
	S	
SAT	B	
	L	
	D	
	S	
SUN	B	
	L	
	D	
	S	

Grocery List

WEEK OF: ....

PRODUCE	VEGGIES	MEAT & FISH
☐	☐	☐
☐	☐	☐
☐	☐	☐
☐	☐	☐
☐	☐	☐
☐	☐	☐
☐	☐	☐
☐	☐	☐
☐	☐	☐

SNACKS	DAIRY	FRUITS
☐	☐	☐
☐	☐	☐
☐	☐	☐
☐	☐	☐
☐	☐	☐
☐	☐	☐
☐	☐	☐
☐	☐	☐
☐	☐	☐

DRINKS	OIL & FAT	OTHER
☐	☐	☐
☐	☐	☐
☐	☐	☐
☐	☐	☐
☐	☐	☐
☐	☐	☐
☐	☐	☐
☐	☐	☐
☐	☐	☐

Weekly Meal Plan

WEEK OF: ....

MON
B
L
D
S

TUE
B
L
D
S

WED
B
L
D
S

THU
B
L
D
S

FRI
B
L
D
S

SAT
B
L
D
S

SUN
B
L
D
S

Grocery List

WEEK OF: ....

PRODUCE	VEGGIES	MEAT & FISH
☐	☐	☐
☐	☐	☐
☐	☐	☐
☐	☐	☐
☐	☐	☐
☐	☐	☐
☐	☐	☐
☐	☐	☐
☐	☐	☐

SNACKS	DAIRY	FRUITS
☐	☐	☐
☐	☐	☐
☐	☐	☐
☐	☐	☐
☐	☐	☐
☐	☐	☐
☐	☐	☐
☐	☐	☐
☐	☐	☐

DRINKS	OIL & FAT	OTHER
☐	☐	☐
☐	☐	☐
☐	☐	☐
☐	☐	☐
☐	☐	☐
☐	☐	☐
☐	☐	☐
☐	☐	☐
☐	☐	☐

Weekly Meal Plan

WEEK OF: ....

MON	B	
	L	
	D	
	S	
TUE	B	
	L	
	D	
	S	
WED	B	
	L	
	D	
	S	
THU	B	
	L	
	D	
	S	
FRI	B	
	L	
	D	
	S	
SAT	B	
	L	
	D	
	S	
SUN	B	
	L	
	D	
	S	

Grocery List

WEEK OF: ....

PRODUCE	VEGGIES	MEAT & FISH
☐	☐	☐
☐	☐	☐
☐	☐	☐
☐	☐	☐
☐	☐	☐
☐	☐	☐
☐	☐	☐
☐	☐	☐
☐	☐	☐

SNACKS	DAIRY	FRUITS
☐	☐	☐
☐	☐	☐
☐	☐	☐
☐	☐	☐
☐	☐	☐
☐	☐	☐
☐	☐	☐
☐	☐	☐
☐	☐	☐

DRINKS	OIL & FAT	OTHER
☐	☐	☐
☐	☐	☐
☐	☐	☐
☐	☐	☐
☐	☐	☐
☐	☐	☐
☐	☐	☐
☐	☐	☐
☐	☐	☐

Weekly Meal Plan

WEEK OF: ....

MON	B	
	L	
	D	
	S	
TUE	B	
	L	
	D	
	S	
WED	B	
	L	
	D	
	S	
THU	B	
	L	
	D	
	S	
FRI	B	
	L	
	D	
	S	
SAT	B	
	L	
	D	
	S	
SUN	B	
	L	
	D	
	S	

Grocery List

WEEK OF: ....

PRODUCE	VEGGIES	MEAT & FISH
☐	☐	☐
☐	☐	☐
☐	☐	☐
☐	☐	☐
☐	☐	☐
☐	☐	☐
☐	☐	☐
☐	☐	☐
☐	☐	☐

SNACKS	DAIRY	FRUITS
☐	☐	☐
☐	☐	☐
☐	☐	☐
☐	☐	☐
☐	☐	☐
☐	☐	☐
☐	☐	☐
☐	☐	☐
☐	☐	☐

DRINKS	OIL & FAT	OTHER
☐	☐	☐
☐	☐	☐
☐	☐	☐
☐	☐	☐
☐	☐	☐
☐	☐	☐
☐	☐	☐
☐	☐	☐
☐	☐	☐

Weekly Meal Plan

WEEK OF: ....

MON	B	
	L	
	D	
	S	
TUE	B	
	L	
	D	
	S	
WED	B	
	L	
	D	
	S	
THU	B	
	L	
	D	
	S	
FRI	B	
	L	
	D	
	S	
SAT	B	
	L	
	D	
	S	
SUN	B	
	L	
	D	
	S	

Grocery List

WEEK OF: ....

PRODUCE	VEGGIES	MEAT & FISH
☐	☐	☐
☐	☐	☐
☐	☐	☐
☐	☐	☐
☐	☐	☐
☐	☐	☐
☐	☐	☐
☐	☐	☐
☐	☐	☐

SNACKS	DAIRY	FRUITS
☐	☐	☐
☐	☐	☐
☐	☐	☐
☐	☐	☐
☐	☐	☐
☐	☐	☐
☐	☐	☐
☐	☐	☐
☐	☐	☐

DRINKS	OIL & FAT	OTHER
☐	☐	☐
☐	☐	☐
☐	☐	☐
☐	☐	☐
☐	☐	☐
☐	☐	☐
☐	☐	☐
☐	☐	☐
☐	☐	☐

Weekly Meal Plan

WEEK OF: ....

MON	B	
	L	
	D	
	S	
TUE	B	
	L	
	D	
	S	
WED	B	
	L	
	D	
	S	
THU	B	
	L	
	D	
	S	
FRI	B	
	L	
	D	
	S	
SAT	B	
	L	
	D	
	S	
SUN	B	
	L	
	D	
	S	

Grocery List

WEEK OF: ....

PRODUCE	VEGGIES	MEAT & FISH
☐	☐	☐
☐	☐	☐
☐	☐	☐
☐	☐	☐
☐	☐	☐
☐	☐	☐
☐	☐	☐
☐	☐	☐
☐	☐	☐

SNACKS	DAIRY	FRUITS
☐	☐	☐
☐	☐	☐
☐	☐	☐
☐	☐	☐
☐	☐	☐
☐	☐	☐
☐	☐	☐
☐	☐	☐
☐	☐	☐

DRINKS	OIL & FAT	OTHER
☐	☐	☐
☐	☐	☐
☐	☐	☐
☐	☐	☐
☐	☐	☐
☐	☐	☐
☐	☐	☐
☐	☐	☐
☐	☐	☐

Weekly Meal Plan

WEEK OF: ....

MON
B
L
D
S

TUE
B
L
D
S

WED
B
L
D
S

THU
B
L
D
S

FRI
B
L
D
S

SAT
B
L
D
S

SUN
B
L
D
S

Grocery List

WEEK OF: ....

PRODUCE	VEGGIES	MEAT & FISH
☐	☐	☐
☐	☐	☐
☐	☐	☐
☐	☐	☐
☐	☐	☐
☐	☐	☐
☐	☐	☐
☐	☐	☐
☐	☐	☐

SNACKS	DAIRY	FRUITS
☐	☐	☐
☐	☐	☐
☐	☐	☐
☐	☐	☐
☐	☐	☐
☐	☐	☐
☐	☐	☐
☐	☐	☐
☐	☐	☐

DRINKS	OIL & FAT	OTHER
☐	☐	☐
☐	☐	☐
☐	☐	☐
☐	☐	☐
☐	☐	☐
☐	☐	☐
☐	☐	☐
☐	☐	☐
☐	☐	☐

Weekly Meal Plan

WEEK OF: ....

Day	Meal	
MON	B	
	L	
	D	
	S	
TUE	B	
	L	
	D	
	S	
WED	B	
	L	
	D	
	S	
THU	B	
	L	
	D	
	S	
FRI	B	
	L	
	D	
	S	
SAT	B	
	L	
	D	
	S	
SUN	B	
	L	
	D	
	S	

Grocery List

WEEK OF: ....

PRODUCE	VEGGIES	MEAT & FISH
☐	☐	☐
☐	☐	☐
☐	☐	☐
☐	☐	☐
☐	☐	☐
☐	☐	☐
☐	☐	☐
☐	☐	☐
☐	☐	☐

SNACKS	DAIRY	FRUITS
☐	☐	☐
☐	☐	☐
☐	☐	☐
☐	☐	☐
☐	☐	☐
☐	☐	☐
☐	☐	☐
☐	☐	☐
☐	☐	☐

DRINKS	OIL & FAT	OTHER
☐	☐	☐
☐	☐	☐
☐	☐	☐
☐	☐	☐
☐	☐	☐
☐	☐	☐
☐	☐	☐
☐	☐	☐
☐	☐	☐

Weekly Meal Plan

WEEK OF: ....

MON	B	
	L	
	D	
	S	
TUE	B	
	L	
	D	
	S	
WED	B	
	L	
	D	
	S	
THU	B	
	L	
	D	
	S	
FRI	B	
	L	
	D	
	S	
SAT	B	
	L	
	D	
	S	
SUN	B	
	L	
	D	
	S	

Grocery List

WEEK OF: ....

PRODUCE	VEGGIES	MEAT & FISH
☐	☐	☐
☐	☐	☐
☐	☐	☐
☐	☐	☐
☐	☐	☐
☐	☐	☐
☐	☐	☐
☐	☐	☐
☐	☐	☐

SNACKS	DAIRY	FRUITS
☐	☐	☐
☐	☐	☐
☐	☐	☐
☐	☐	☐
☐	☐	☐
☐	☐	☐
☐	☐	☐
☐	☐	☐
☐	☐	☐

DRINKS	OIL & FAT	OTHER
☐	☐	☐
☐	☐	☐
☐	☐	☐
☐	☐	☐
☐	☐	☐
☐	☐	☐
☐	☐	☐
☐	☐	☐
☐	☐	☐

Weekly Meal Plan

WEEK OF: ....

MON	B	
	L	
	D	
	S	
TUE	B	
	L	
	D	
	S	
WED	B	
	L	
	D	
	S	
THU	B	
	L	
	D	
	S	
FRI	B	
	L	
	D	
	S	
SAT	B	
	L	
	D	
	S	
SUN	B	
	L	
	D	
	S	

Grocery List

WEEK OF: ....

PRODUCE	VEGGIES	MEAT & FISH
☐	☐	☐
☐	☐	☐
☐	☐	☐
☐	☐	☐
☐	☐	☐
☐	☐	☐
☐	☐	☐
☐	☐	☐
☐	☐	☐

SNACKS	DAIRY	FRUITS
☐	☐	☐
☐	☐	☐
☐	☐	☐
☐	☐	☐
☐	☐	☐
☐	☐	☐
☐	☐	☐
☐	☐	☐
☐	☐	☐

DRINKS	OIL & FAT	OTHER
☐	☐	☐
☐	☐	☐
☐	☐	☐
☐	☐	☐
☐	☐	☐
☐	☐	☐
☐	☐	☐
☐	☐	☐
☐	☐	☐

Weekly Meal Plan

WEEK OF: ....

MON	B	
	L	
	D	
	S	
TUE	B	
	L	
	D	
	S	
WED	B	
	L	
	D	
	S	
THU	B	
	L	
	D	
	S	
FRI	B	
	L	
	D	
	S	
SAT	B	
	L	
	D	
	S	
SUN	B	
	L	
	D	
	S	

Grocery List

WEEK OF: ....

PRODUCE	VEGGIES	MEAT & FISH
☐	☐	☐
☐	☐	☐
☐	☐	☐
☐	☐	☐
☐	☐	☐
☐	☐	☐
☐	☐	☐
☐	☐	☐
☐	☐	☐

SNACKS	DAIRY	FRUITS
☐	☐	☐
☐	☐	☐
☐	☐	☐
☐	☐	☐
☐	☐	☐
☐	☐	☐
☐	☐	☐
☐	☐	☐
☐	☐	☐

DRINKS	OIL & FAT	OTHER
☐	☐	☐
☐	☐	☐
☐	☐	☐
☐	☐	☐
☐	☐	☐
☐	☐	☐
☐	☐	☐
☐	☐	☐
☐	☐	☐

Weekly Meal Plan

WEEK OF: ....

MON	B	
	L	
	D	
	S	
TUE	B	
	L	
	D	
	S	
WED	B	
	L	
	D	
	S	
THU	B	
	L	
	D	
	S	
FRI	B	
	L	
	D	
	S	
SAT	B	
	L	
	D	
	S	
SUN	B	
	L	
	D	
	S	

Grocery List

WEEK OF: ....

PRODUCE	VEGGIES	MEAT & FISH
☐	☐	☐
☐	☐	☐
☐	☐	☐
☐	☐	☐
☐	☐	☐
☐	☐	☐
☐	☐	☐
☐	☐	☐
☐	☐	☐

SNACKS	DAIRY	FRUITS
☐	☐	☐
☐	☐	☐
☐	☐	☐
☐	☐	☐
☐	☐	☐
☐	☐	☐
☐	☐	☐
☐	☐	☐
☐	☐	☐

DRINKS	OIL & FAT	OTHER
☐	☐	☐
☐	☐	☐
☐	☐	☐
☐	☐	☐
☐	☐	☐
☐	☐	☐
☐	☐	☐
☐	☐	☐
☐	☐	☐

Weekly Meal Plan

WEEK OF: ....

MON	B	
	L	
	D	
	S	
TUE	B	
	L	
	D	
	S	
WED	B	
	L	
	D	
	S	
THU	B	
	L	
	D	
	S	
FRI	B	
	L	
	D	
	S	
SAT	B	
	L	
	D	
	S	
SUN	B	
	L	
	D	
	S	

Grocery List

WEEK OF: ....

PRODUCE	VEGGIES	MEAT & FISH
☐	☐	☐
☐	☐	☐
☐	☐	☐
☐	☐	☐
☐	☐	☐
☐	☐	☐
☐	☐	☐
☐	☐	☐
☐	☐	☐

SNACKS	DAIRY	FRUITS
☐	☐	☐
☐	☐	☐
☐	☐	☐
☐	☐	☐
☐	☐	☐
☐	☐	☐
☐	☐	☐
☐	☐	☐
☐	☐	☐

DRINKS	OIL & FAT	OTHER
☐	☐	☐
☐	☐	☐
☐	☐	☐
☐	☐	☐
☐	☐	☐
☐	☐	☐
☐	☐	☐
☐	☐	☐
☐	☐	☐

Weekly Meal Plan

WEEK OF: ....

MON	B	
	L	
	D	
	S	
TUE	B	
	L	
	D	
	S	
WED	B	
	L	
	D	
	S	
THU	B	
	L	
	D	
	S	
FRI	B	
	L	
	D	
	S	
SAT	B	
	L	
	D	
	S	
SUN	B	
	L	
	D	
	S	

Grocery List

WEEK OF: ....

PRODUCE	VEGGIES	MEAT & FISH
☐	☐	☐
☐	☐	☐
☐	☐	☐
☐	☐	☐
☐	☐	☐
☐	☐	☐
☐	☐	☐
☐	☐	☐
☐	☐	☐

SNACKS	DAIRY	FRUITS
☐	☐	☐
☐	☐	☐
☐	☐	☐
☐	☐	☐
☐	☐	☐
☐	☐	☐
☐	☐	☐
☐	☐	☐
☐	☐	☐

DRINKS	OIL & FAT	OTHER
☐	☐	☐
☐	☐	☐
☐	☐	☐
☐	☐	☐
☐	☐	☐
☐	☐	☐
☐	☐	☐
☐	☐	☐
☐	☐	☐

Weekly Meal Plan

WEEK OF: ....

MON	B	
	L	
	D	
	S	
TUE	B	
	L	
	D	
	S	
WED	B	
	L	
	D	
	S	
THU	B	
	L	
	D	
	S	
FRI	B	
	L	
	D	
	S	
SAT	B	
	L	
	D	
	S	
SUN	B	
	L	
	D	
	S	

Grocery List

WEEK OF: ....

PRODUCE	VEGGIES	MEAT & FISH
☐	☐	☐
☐	☐	☐
☐	☐	☐
☐	☐	☐
☐	☐	☐
☐	☐	☐
☐	☐	☐
☐	☐	☐
☐	☐	☐

SNACKS	DAIRY	FRUITS
☐	☐	☐
☐	☐	☐
☐	☐	☐
☐	☐	☐
☐	☐	☐
☐	☐	☐
☐	☐	☐
☐	☐	☐
☐	☐	☐

DRINKS	OIL & FAT	OTHER
☐	☐	☐
☐	☐	☐
☐	☐	☐
☐	☐	☐
☐	☐	☐
☐	☐	☐
☐	☐	☐
☐	☐	☐
☐	☐	☐

Weekly Meal Plan

WEEK OF: ....

MON	B	
	L	
	D	
	S	
TUE	B	
	L	
	D	
	S	
WED	B	
	L	
	D	
	S	
THU	B	
	L	
	D	
	S	
FRI	B	
	L	
	D	
	S	
SAT	B	
	L	
	D	
	S	
SUN	B	
	L	
	D	
	S	

Grocery List

WEEK OF: ....

PRODUCE	VEGGIES	MEAT & FISH
☐	☐	☐
☐	☐	☐
☐	☐	☐
☐	☐	☐
☐	☐	☐
☐	☐	☐
☐	☐	☐
☐	☐	☐
☐	☐	☐

SNACKS	DAIRY	FRUITS
☐	☐	☐
☐	☐	☐
☐	☐	☐
☐	☐	☐
☐	☐	☐
☐	☐	☐
☐	☐	☐
☐	☐	☐
☐	☐	☐

DRINKS	OIL & FAT	OTHER
☐	☐	☐
☐	☐	☐
☐	☐	☐
☐	☐	☐
☐	☐	☐
☐	☐	☐
☐	☐	☐
☐	☐	☐
☐	☐	☐

Weekly Meal Plan

WEEK OF: ....

MON	
B	
L	
D	
S	

TUE	
B	
L	
D	
S	

WED	
B	
L	
D	
S	

THU	
B	
L	
D	
S	

FRI	
B	
L	
D	
S	

SAT	
B	
L	
D	
S	

SUN	
B	
L	
D	
S	

Grocery List

WEEK OF: ....

PRODUCE	VEGGIES	MEAT & FISH
☐	☐	☐
☐	☐	☐
☐	☐	☐
☐	☐	☐
☐	☐	☐
☐	☐	☐
☐	☐	☐
☐	☐	☐
☐	☐	☐

SNACKS	DAIRY	FRUITS
☐	☐	☐
☐	☐	☐
☐	☐	☐
☐	☐	☐
☐	☐	☐
☐	☐	☐
☐	☐	☐
☐	☐	☐
☐	☐	☐

DRINKS	OIL & FAT	OTHER
☐	☐	☐
☐	☐	☐
☐	☐	☐
☐	☐	☐
☐	☐	☐
☐	☐	☐
☐	☐	☐
☐	☐	☐
☐	☐	☐

Weekly Meal Plan

WEEK OF: ....

MON	B	
	L	
	D	
	S	
TUE	B	
	L	
	D	
	S	
WED	B	
	L	
	D	
	S	
THU	B	
	L	
	D	
	S	
FRI	B	
	L	
	D	
	S	
SAT	B	
	L	
	D	
	S	
SUN	B	
	L	
	D	
	S	

Grocery List

WEEK OF: ....

PRODUCE	VEGGIES	MEAT & FISH
☐	☐	☐
☐	☐	☐
☐	☐	☐
☐	☐	☐
☐	☐	☐
☐	☐	☐
☐	☐	☐
☐	☐	☐
☐	☐	☐

SNACKS	DAIRY	FRUITS
☐	☐	☐
☐	☐	☐
☐	☐	☐
☐	☐	☐
☐	☐	☐
☐	☐	☐
☐	☐	☐
☐	☐	☐
☐	☐	☐

DRINKS	OIL & FAT	OTHER
☐	☐	☐
☐	☐	☐
☐	☐	☐
☐	☐	☐
☐	☐	☐
☐	☐	☐
☐	☐	☐
☐	☐	☐
☐	☐	☐

Thank you.

We hope you enjoyed our book.

As a small family company, your feedback is very important to us.

Please let us know how you like our book at:

ciubotarug1962@gmail.com

www.ingramcontent.com/pod-product-compliance
Lightning Source LLC
LaVergne TN
LVHW021159160826
845679LV00024B/2163

* 9 7 9 8 8 8 9 3 5 4 6 8 0 *